AF226970

J. J.H. LASALLE

A M. MALLET-DU-PAN,

S u r la révolution de Venise et les affaires d'Italie.

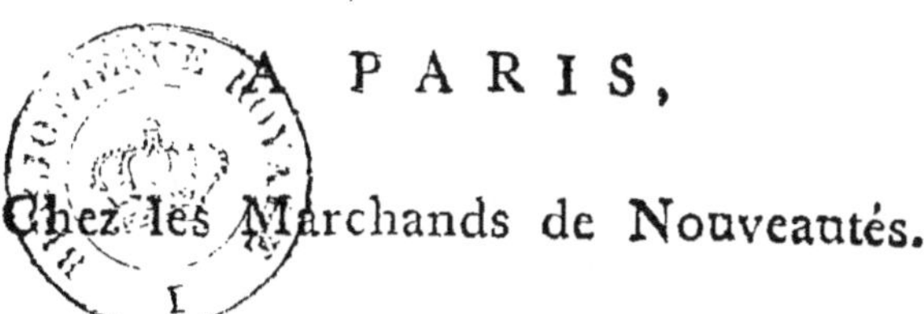

A PARIS,

Chez les Marchands de Nouveautés.

AN V DE LA RÉPUBLIQUE.

1797.

J. H. LASALLE

A M. MALLET-DU-PAN,

Sur la révolution de Venise et les affaires d'Italie.

Vous venez de vous élever, Monsieur, contre ce qui s'est passé à Venise, avec cette violence qui vous entraîne toutes les fois que vous parlez de notre nation. Il est vrai que nous n'avons point suivi l'exemple d'un peuple notre ennemi naturel, et dont vous vous êtes si souvent déclaré l'admirateur. Il n'y a point en France de roi qui possède une liste civile assez forte pour acheter la majorité du corps législatif, et nous sommes également privés de ces nobles lords, que leur seule naissance appelle à défendre les intérêts du peuple dont ils sont séparés par leurs privilèges, par l'esprit même de l'institution de la pairie. La France, cons-

tituée en république , ne reconnoît que des ma-
gistratures électives et temporaires , auxquelles
parviennent ceux qui paroissent dignes de la
confiance de leurs concitoyens, et d'où sortent
sans crise et sans secousse , pour rentrer dans
la foule , ceux qui ont trompé cette même
confiance. Mais enfin , ne consentirez vous
jamais à nous pardonner , et votre haine n'au-
ra-t-elle aucun terme? On pouvoit croire que
celui qui , jusqu'à ce jour , n'a point laissé
échapper une occasion de calomnier les Français , ne seroit pas cru sur parole , lorsqu'il
se présenteroit de nouveau pour les accuser ,
et que du moins avant de prononcer on voudroit s'assurer des faits ; mais le contraire est
justement arrivé : peut-être vous-même , Monsieur , êtes-vous étonné de votre succès. C'est
une preuve qu'on doit tout attendre des passions révolutionnaires. Il n'est pas impossible
que bientôt ceux qui voudront nous présenter
des plans de finances , ne s'appuient de l'autorité de M. Pitt , et que nos diplomates
nous recommandent des alliances agréables
à lord Grenville.

Que faut-il faire , Monsieur, pour vous
répondre , ainsi qu'à tous les avocats du gou-

vernement vénitien ? Rapporter seulement comment les choses se sont passées , et par quelles circonstances elles ont été amenées.

Il vous a plu d'avancer avec une imperturbable assurance que pendant le cours de la guerre , non - seulement le gouvernement de Venise a gardé une neutralité religieuse , mais qu'ainsi que tous les autres États d'Italie , il nous a secondés *négativement* en refusant à nos ennemis tous les moyens d'urgence dont ils avoient besoin. Ne seroit-il pas au contraire très-facile d'établir que , comme les autres États d'Italie , et même le plus grand nombre de ceux demeurés neutres , il nous a rendu autant de mauvais services qu'il le pouvoit , sans se déclarer trop ouvertement ? Comment en effet un gouvernement , fondé sur l'aristocratie la plus vaine et la plus jalouse ; n'eût-il pas fait tout ce qui dépendoit de lui , afin d'éloigner de ses possessions des soldats qui combattoient sous les étendards de l'égalité ? Mais d'autres motifs portoient encore les Vénitiens à nuire aux Français. Depuis long-tems , ce sénat réputé si sage , s'etoit laissé imposer une véritable servitude par le cabinet de Vienne , et il ne lui eût pas été permis de traiter sur le même pied et son tyran , et la nation en guerre avec ce dernier. La seule terreur des armes françaises inspiroit à Venise son apparente impartialité ; et l'on ne devoit point douter qu'elle n'attaquât les Français quand elle croiroit avoir rencontré une occasion de le faire avec sûreté , et d'opérer en même-tems une diversion favorable à l'Autriche.

Cette occasion , Monsieur , s'est présentée. Buonaparte se trouvoit enfoncé dans les défilés de la Carinthie, ayant en tête l'armée du prince Charles. Le Tyrol étoit découvert par la marche de trois divisions qui se rendoient également en Carinthie , par la vallée de la Drave. Déjà des corps autrichiens de la division de Laudon avoient pénétré de ce côté sur le territoire vénitien. Le sénat choisit ce moment pour jeter son masque. Il se flatte que ses troupes pourront couper les derrières de l'armée , et que réunies aux Autrichiens , elles extermineront les Français.

Bientôt toute la terre ferme paroît en armes. C'étoit l'époque de la semaine sainte , pendant laquelle il est plus facile d'exalter les têtes par le fanatisme. Des prêtres prêchent en chaire une croisade contre les Français.

De toutes parts de virulens pamphlets, de perfides proclamations , des lettres anonymes cherchent à inspirer au peuple la haine que le gouvernement nous a vouée. Quarante mille paysans sont armés , et renforcés de dix mille Esclavons , s'organisent en différens corps qu'on place aux lieux où ils peuvent intercepter toute espèce de communication entre l'armée française et ses derrières. On arrête en terre ferme tous ceux qui ont accueilli les Français , et le sénat accorde sa confiance aux ennemis de notre nation. Sur les places et dans les lieux publics , on insulte , on accable de mauvais traitemens tous nos compatriotes : ils sont flétris du nom de jacobins , d'athées , de régicides : on leur enjoint d'abord de sortir de Venise sous un bref délai ; et bientôt après on leur défend d'y entrer. Enfin , les habitans de Padoue , de Vicence et de Véronne reçoivent l'ordre de se joindre aux différens corps de l'armée vénitienne.

Ces perfides machinations sont d'abord couronnées par le succès. Le sang français coule dans un grand nombre de lieux. A Padoue, un chef de bataillon et deux officiers sont assassinés. A Castiglione di Mori, on désarme et l'on égorge nos soldats. Sur toutes les grandes routes, de Mantoue à Legano, de Cassone à Véronne, plus de deux cents français perdent la vie. De tous côtés on intercepte nos convois, nos courriers, et tout ce qui tient à l'armée. A Thiari, deux bataillons français rencontrent une division de l'armée du sénat qui veulent les empêcher de rejoindre la nôtre. Nos soldats sont forcés de combattre et de se frayer un chemin à travers les phalanges de l'aristocratie. A Valezio, à Denizano, des scènes semblables se répètent. Dans toutes ces affaires, les Français sont en petit nombre, et ne doivent leur salut qu'à leur extrême courage. Mais c'est sur-tout à Véronne que tout semble sourire à l'affreux machiavélisme du sénat. Le jour de la seconde fête de Pâques, au son de la cloche, on court sus à tous les individus de notre nation. Le poignard vénitien va frapper les malades dans les hôpitaux, et les convalescens dans les rues. Plus de quatre cents Français périssent de la sorte : nos soldats retirés dans le château, voyent jeter les corps de leurs camarades dans l'Adige, et les forts qui nous ont été cédés ; sont assiégés pendant huit jours.

Tous ces horribles excès ont lieu aux ex-trémités du territoire vénitien comme dans la ville qui est le siége du gouvernement. A Zante en Dalmatie, la maison du consul français est brûlée, et un bâtiment de la ré-publique, n'ayant que quarante hommes d'équipage, et seulement trois à quatre pièces de canon est coulé à fond dans le port même de Venise.

D'après cet exposé dont la fidélité ne peut être contestée, comment concevoir qu'on ait osé faire un crime à Buonaparte et au directoire de leurs mesures répressives contre Venise? L'article 328 de la constitution n'enjoint-il pas au gouvernement d'employer tous les moyens qui sont à sa disposition, dans le cas d'hos-tilités imminentes? et certes, elles étoient com-mencées, à moins que vous ne preniez l'at-taque et l'égorgement de nos soldats pour des moyens de fraterniser avec eux.

Ceux qui, ainsi que vous, prétendent jus-tifier les Vénitiens, se bornent à dire que leurs armemens avoient pour but de réduire les habitans de Bergame et de Brescia, alors en insurrection déclarée contre le sénat. Mais on vient de voir qu'en plusieurs lieux les troupes vénitiennes ont provoqué les Français, et se sont mesurées avec eux. Des forces aussi considérables ne pouvoient effectivement être destinées contre deux villes aussi médiocres ; et voici d'ailleurs quelques détails bien propres, ce me semble, à convaincre tout homme impartial.

Lors de la première nouvelle de l'insurrection, Buonaparte sentit que si les Vénitiens venoient à prendre les armes, il n'y avoit plus de sûreté pour les hôpitaux, pour les subsistances et les transports de l'armée. Cette position lui suggéra l'idée de faire embrasser au sénat le parti de la conciliation, et de s'offrir pour médiateur. Le sénat n'osa point refuser ostensiblement les offres du général ; mais au lieu de lui envoyer M. Battaglia, provéditeur de ces contrées, demandé par lui, on chargea de la négociation M. Pezzaro, sage grand de Venise. Celui-ci arrivé près du général, parut ne s'occuper qu'à faire naître des difficultés, et prétendit exiger la restitution du fort de Porto-Legnago et de Véronne. La médiation fut enfin acceptée, et Buonaparte promit d'employer, s'il étoit nécessaire, la force pour soumettre Brescia et Bergame. Mais pendant qu'il

croyoit tout terminé avec le sénat , M. Pezzaro
étoit resté à Udine. Celui-ci s'assura que l'armée d'Italie , où il avoit envoyé plusieurs espions , étoit tellement enfermée en Allemagne ,
qu'elle ne pouvoit plus rien contre l'État vénitien. Ce fut alors qu'il se rendit à Venise , où
tout prit une tournure plus guerrière : ce fut
alors que la Brenta et l'Adige se chargèrent de
munitions de guerre et de bouche , et que s'ef-
fectua l'armement des quarante mille paysans.

A Véronne également , Monsieur , de violens symptômes avoient précédé le soulève-
ment , et le général français avoit eu soin de
réclamer l'autorité du provéditeur ; mais le
mandataire du gouvernement vénitien ne cessa
de l'assurer que la fermentation qu'on pouvoit
remarquer devoit être attribuée au zèle des habitans pour leur prince , menacé par les Bergamasques , et protesta toujours de son res-
pect pour les traités et le droit des gens.
Cependant , Monsieur , un comité d'insurrection étoit formé dans la ville : il entretenoit
des intelligences avec l'armée autrichienne du
Tyrol ; et l'on vit bientôt une foule de Ty-
roliens s'établir dans la vallée de Sabia et se
réunir aux habitans.

Encore un fait bien constant ; c'est qu'un vaisseau de guerre vénitien a attaqué et maltraité la frégate française la *Brune*, et pris sous sa protection un convoi autrichien.

Mais cette insurrection de Brescia et de Bergame, seroit-il donc déraisonnable de l'attribuer à ceux à qui elle devoit être utile ?

Il est connu qu'il s'étoit conservé chez les Bressans et les Bergamasques, un grand fond de liberté. Le joug de fer sous lequel gémissoient les autres possessions de Venise, n'osoit point s'appesantir sur ces peuples. Ils affectoient de traiter les nobles avec dédain, et de se rendre indépendans des tribunaux. Les provéditeurs qu'on envoyoit chez eux n'en montroient pas moins une extrême douceur, et le sénat dissimuloit les atteintes portées à son autorité. Un corps si naturellement enclin à la tyrannie devoit avoir une raison puissante pour agir ainsi. Ces villes avoient jadis fait partie du Milanais, et l'on craignoit toujours qu'elles n'eussent envie de se donner à leur ancien maître, beaucoup trop puissant pour qu'on pût espérer de les lui reprendre. Lorsque les Bergamasques ont vu les Français dans leur voisinage, et le Milanais constitué en ré=

publique, l'idée de s'affranchir d'un gouvernement qu'ils haissoient a dû se présenter à
eux. Je ne doute point que le sénat n'ait été
satisfait de cette disposition de leur esprit,
et n'ait même, par ses émissaires, cherché à
l'entretenir. Trop souvent, dans le cours des
révolutions, des masses d'hommes poussés
par leurs adversaires, croient agir d'après leur
propre choix, et presque tous les grands mouvemens sont le résultat des combinaisons de
plusieurs partis opposés qui ont un but dif-
férent. L'insurrection de ces villes présentoit
à Venise plusieurs avantages : elle lui four-
nissoit l'occasion de mettre sur pied l'armée
dont j'ai indiqué le premier usage ; elle croyoit
en outre, au moyen de cette force, réduire
enfin entièrement Brescia et Bergame, et impri-
mer par le châtiment qu'elle leur auroit infligé,
la terreur à ses autres possessions, qui com-
mençoient à accueillir les idées de liberté dont
le germe étoit répandu dans toute l'Italie.

Ce dessein que je prête au sénat de Venise,
d'exciter les patriotes pour avoir occasion de
les détruire, vous l'avez vu depuis embrassé
dans un État voisin. Il est hors de doute que
le premier mouvement arrivé à Gènes a été

dû à la seule instigation des patriciens. Ceux-ci pendant l'éloignement des Français, imaginèrent de se faire attaquer, persuadés qu'ils écraseroient les républicains avec le secours des charbonniers et des dernières classes du peuple qui, à Gènes comme à Venise, sont entièrement dévouées au sénat.

Mais c'est sur-tout à Venise, qu'une pareille combinaison devoit avoir lieu. Comme c'etoit, de tous les gouvernemens connus, le plus aristocratique, c'etoit celui qui avoit le plus l'habitude des moyens perfides et cruels : et peut - être conviendrez - vous, Monsieur, qu'un gouvernement aristocratique est réduit pour se soutenir, à l'emploi des moyens de cette nature. Dans une monarchie, le prince est tellement séparé du peuple, qu'on parvient à le croire d'une nature différente des autres hommes. Une espèce de superstition politique aussi peu raisonnée, mais non moins puissante que la superstition religieuse, environne le trône et le défend. Comme le dévôt quand il souffre se résigne et n'ose se plaindre de son dieu, de même le sujet ne demande point compte à son roi des fléaux qu'attire sur lui une administration corrompue ou insensée.

Des siècles de malheurs ne peuvent détruire ces préjugés, et il a fallu pour le faire toute la hardiesse de la philosophie moderne. Mais dans un pays soumis à l'aristocratie, de combien de périls le gouvernement n'est-il pas environné? Là, les sujets rapprochés, dans toutes les relations sociales, du souverain, qui est le corps des nobles, se croyent leurs égaux, et s'indignent de leur être soumis. Le corps des nobles est livré à des factions non moins violentes que celles qu'on voit dans les démocraties, où il n'existe ni pouvoirs qui se balancent, ni représentation sagement combinée. L'histoire nous apprend qu'il y a eu autant de révolutions produites en Pologne par l'ordre équestre, qu'à Florence par les communautés.

Entrerai-je avec vous, Monsieur, dans l'examen de la politique du sénat de Venise? Le tableau hideux que je vais vous tracer, loin d'être exagéré, sera peut-être affoibli.

Le gouvernement redoute le peuple; et d'abord, afin de lui ôter le désir et les moyens de devenir libre, il le corrompt lui-même et le fait vivre dans l'oisiveté et la débauche. Mais l'abaissement du peuple pourroit encore

l'affliger. Le dur esclavage auquel sont assu-
jettis les nobles de terre ferme, placé devant
ses yeux. sert à le consoler ; et il croit partager lui-même la tyrannie de ses maîtres,
lorsqu'il voit tenir ces grands jours pendant
lesquels l'inquisiteur d'État ouvre une oreille
avide aux délations les plus calomnieuses contre
une caste proscrite. Mais toutes ces précautions
ne rassurent pas encore le timide sénat ; il
divise lui-même ce peuple en deux partis
qu'il exaspère sans cesse l'un contre l'autre ;
et la capitale est témoin des rixes sanglantes
et perpétuelles des *Nicolotes* et des *Castelans*.

Le gouvernement redoute les nobles de
terre ferme. C'est peu de les livrer à la haine
du peuple, il sème entr'eux les méfiances,
les jalousies, les haines , et cherche à les
précipiter dans des excès qui donnent lieu à
des emprisonnemens , des amendes, des con-
fiscations et des supplices. La mémoire de
ce François Erizze est encore chérie des politiques vénitiens. Provéditeur à Udine, il re-
marquoit avec inquiétude la tranquillité du
Frioul, et sur-tout la bonne intelligence des
nobles. Bientôt des diplomes de comte
et de marquis lui sont envoyés , d'après ses

(15)

demandes, avec le pouvoir de les conférer
selon sa volonté. Toute sa conduite alors tend à
blesser les préjugés des nobles, et à révolter
leur orgüeil : c'est aux maisons les moins anciennes, aux cadets des familles qu'il donne
tous les titres. Une égale fureur anime bientôt ceux qui se voyent privés des honneurs
auxquels ils prétendoient, et ceux qui s'en
trouvant revêtus veulent les défendre. Les uns
et les autres ne marchent plus qu'accompagnés
de braves, et se livrent des combats à chaque
pas. « Cependant, dit l'homme de sens qui
nous a révélé ce détestable plan, le fisc s'en-
richissoit des biens de ces gentilshommes,
et le sénat éteignoit par de continuelles sai-
gnées, le feu qu'il venoit d'allumer ».

Le gouvernement redoute les simples habitans de terre ferme. Leur réunion seroit
inévitable s'ils avoient les mêmes offenses à
venger ; et réunis ils seroient trop forts pour
être contenus : il a donc fallu les diviser d'intérêts. On laisse les uns, tels que les Bressans,
vivre dans une sorte d'indépendance : les
autres, comme les habitans de Padoue, gé-
missent sous la tyrannie la plus cruelle, pendant que leurs principales familles forcées de

venir s'établir à Venise, y sont regardées comme des otages de la fidélité de leur ville.

Le gouvernement redoute le clergé : il l'abandonne à ses vices, et sur-tout lui permet de les montrer, bien sûr que le mépris dont il se couvrira doit lui ôter une grande partie de son crédit.

' Le gouvernement redoute les nobles ; et c'est surtout dans sa conduite avec eux qu'on peut voir le développement de son systême, qui consiste à corrompre et à diviser. Il a trouvé le moyen de les unir tous contre le peuple, et de les partager cependant en trois partis très-animés. A Venise, le noble ancien méprise le noble nouveau, et celui-ci hait le noble ancien. Ces deux classes ont des fonctions publiques séparées, qui leur sont affectées, et où chacune d'elles, occupée sans relâche à surveiller et à contenir l'autre, opère la sûreté du gouvernement. Le pauvre noble, ou le *barnabote*, ne peut parvenir à aucune place, et est réduit pour vivre à trafiquer de son suffrage dans les élections. Les nobles des deux premières classes l'abreuvent également d'humiliations; mais ils lui permettent de marcher avec eux, de se vêtir du même habit, parce qu'il

qu'il accroît leur nombre aux yeux du peuple,
et les fait paroître ainsi plus formidables. Mal-
heur au noble qui fixeroit l'attention publique
par de grands talens ou d'éminentes qualités !
l'exil, l'emprisonnement, et peut-être la mort,
seroient bientôt son partage. Dans les jours
brillans de cette république, combien d'im-
portans services ont été payés par le poison ou
une condamnation appuyée sur des pièces fa-
briquées par les juges. Mais ce seroit un grand
hasard si cet État produisoit des hommes dignes
de paroître dangereux. La jeunesse du patricien
se passe dans la dissolution; son ignorance
étonne tous les jours les étrangers. On prend
soin d'étouffer en lui le germe de toutes les
vertus militaires, et il est assuré de n'obtenir
jamais le commandement en chef. S'il porte ses
regards sur les emplois civils: que voit-il? presque par-tout des hommes nuls ou renommés
par leurs excès; mais les premiers sont inca-
pables de rien entreprendre contre l'ordre établi;
et si les autres l'osoient, il seroit facile de leur
opposer le peuple. Le gouvernement a encore
une autre vue en se servant de ces derniers :
lorsque ses opérations excitent des murmures,

B

il les abandonne , et par leur sacrifice calme les esprits.

Enfin le gouvernement redoute ses propres membres, et se croit réduit à prendre contr'eux les plus rigoureuses mesures. Le doge est toujours d'une extrême vieillesse , parce qu'on suppose moins d'audace dans un corps affoibli; il est célibataire ou veuf , parce qu'on redoute l'ambition des femmes , et qu'on connoît leur ascendant sur leurs époux. Relégué au fond de son palais , entouré de domestiques qu'il n'a point choisis , il ne peut communiquer avec ses proches qu'en public , et à des heures prescrites. S'il paroît dans les rues autrement qu'environné du cortège pompeux assigné au chef de l'État , chaque habitant a le droit de l'accabler d'outrages , et de le poursuivre à coups de pierres. Les inquisiteurs d'État ont les clefs de ses appartemens : ils peuvent les visiter à toute heure : ils peuvent l'arrêter lui-même , le juger et le faire exécuter dans une seule nuit. Près de la porte du palais où s'assemble le gouvernement , se trouve cette fameuse *gueule du lion* où il est libre à chaque individu de venir déposer une accusation anonyme contre les hommes revêtus des premières places. Le mal-

heureux prévenu, privé de conseil, sans connoître son accusateur, qui peut être son ennemi, comparoît devant un tribunal dont la
maxime est de condamner lorsqu'il doute. Et
ces juges si terribles, sortis de leurs fonctions,
au bout de quelques mois, éprouvent à leur
tour l'effroi qu'ils ont inspiré.

Un gouvernement qui a employé tant de
combinaisons pour assurer son pouvoir, n'aura-
t-il pas pu se persuader qu'un mouvement à
Brescia et à Bergame lui offroit une chance
très-favorable ? Sans doute il avoit appris, en
étudiant la marche et les progrès de toutes
les tyrannies, que l'effet presqu'infaillible d'une
insurrection est de fortifier le pouvoir ou le
parti contre lequel elle est dirigée. Ceux-ci,
si l'on excepte quelques cas très - rares, ont
toujours dans leurs mains des moyens de force
et de séduction supérieurs à ceux de leurs
adversaires, et pendant la consternation qui
suit leur victoire, ils savent prendre des mesures qui les mettent en état de ne plus redouter de nouvelles attaques.

Vous êtes persuadé, Monsieur, qu'à Venise
et dans le reste de l'Italie, il n'y a eu que
les classes les moins honnêtes qui se soient

déclarées en faveur de la révolution ; mais c'est le contraire qui est justement arrivé. La populace , qu'on laissoit vivre dans la licence , et à qui on donnoit le spectacle de l'humiliation et de l'oppression des citoyens utiles , croyoit véritablement que le sénat étoit le père de la patrie. Ce sont les nobles de terre ferme , les citadins, c'est-à-dire la classe qui suit immédiatement celle des nobles ; ce sont les négocians qui ont embrassé la cause de la liberté. A Gênes , les meilleures maisons de commerce et ce qu'il y avoit de plus distingué après les patriciens , prirent la fuite lorsque le parti du sénat eut dispersé les républicains ; et dernièrement encore à Turin , c'est du corps des marchands qu'est partie la fermentation qui a troublé la tranquillité publique.

Je sais bien , Monsieur , qu'on s'efforce depuis quelque tems de nous persuader que pour prendre part à une révolution , il faut n'avoir ni feu ni lieu , et ne savoir pas lire. Mais étoit-ce à vous de partager une opinion aussi erronée ?

Certes , il y a eu en Europe un assez grand nombre de révolutions, et sur-tout des guerres civiles très - fréquentes ; circonstances que semblent avoir entièrement oubliées nos politiques actuels. Cependant , si l'on en excepte la guerre de la Jacquerie et celle des Anabaptistes en Allemagne , tous ces évènemens ont été le produit des haines et de l'ambition des premiers personnages de l'État. En Angleterre , ce sont les deux branches royales d'Yorck et de Lancastre qui se disputent le trône pendant plus de quatre-vingts ans , et couvrent le royaume de ruines et d'incendie. La guerre de trente ans dont le siège étoit en Allemagne , mais à laquelle toutes les puissances de l'Europe prirent part, fut une lutte horrible entre des princes qui vouloient s'arracher des États. En France , cette ligue si funeste et si longue dut sa naissance et ses progrès aux rivalités des maisons de Guise et de Chatillon. Les révoltes partielles, qui ont éclaté sous Louis XIII, étoient excitées par son frère et les gouverneurs des provinces presque aussi puissans que des rois. Des cardinaux, des princes du sang, des parlemens et les héritiers des plus anciennes maisons , allumèrent la guerre de la fronde. Enfin, à la tête des premiers mouvemens de la révolution actuelle, on vit encore d'immenses propriétaires et des individus revêtus des titres les plus pompeux.

Il est vrai, Monsieur, que pendant le cours des troubles civils, des hommes pris dans les dernières classes du peuple, s'emparent quelquefois d'une portion de l'autorité; mais ils paroissent tard, et sont communément appelés par des factieux d'un rang élevé, qui veulent s'en servir comme d'instrumens. Le conseil de la ligue d'où sortirent les Seize, fut institué par le duc de Guise; et dans ces derniers tems, les hommes dépourvus de propriété et de toute éducation libérale, ne sont parvenus aux emplois publics qu'au milieu de la furie des partis dont ils étoient les auxiliaires.

Permettez-moi, Monieur, encore une autre observation que je crois importante. Par-tout les prolétaires se montrent sans plan fixe. Chaque jour ils renversent l'institution de la veille; et toujours prêts à entrer en défiance, abandonnent ou sacrifient l'idole qu'ils viennent de se créer. Ceux qui ont quelque sens n'osent se fixer à une faveur si peu durable. Bientôt le peuple privé de guides éclairés se fatigue de ses propres excès, et l'on a assez peu de peine à le ramener à un meilleur ordre de choses. Sans doute l'ochlocratie peut être violente : j'avoue même que c'est là son véritable caractère ; mais du moins elle ne peut durer long-tems , et c'est, vous ne pouvez le nier à votre tour , une raison de la redouter moins.

En Italie , Monsieur, c'est la classe moyenne qui veut une révolution , et cette circonstance indique que ce grand évènement s'exécutera avec modération et probité. Les hommes de cette classe sont aussi éloignés des fureurs réfléchies des grands, que de la fougue impétueuse de la multitude. Ils ne possèdent point assez pour risquer beaucoup ; et comme ils sont placés au-dessus des premiers besoins , ils ont un sentiment de dignité inconnu à celui qui languit dans la misère. Une révolution est pour eux un état violent : s'ils sont forcés de s'y livrer , ils cherchent constamment à l'abréger , et à arriver le plutôt possible au règne paisible des loix.

C'est encore à travers le prisme des passions qui défigurent tout , que vous avez pu voir que les Français étoient aussi jaloux de détruire en Italie les idées religieuses que d'y établir la liberté. En tous lieux , au contraire , les Français se sont empressés de rassurer les habitans qui pouvoient craindre qu'on ne les gênât dans la pratique de leur culte. La plus simple politique ne suffisoit-elle pas pour se conduire de la sorte, au milieu d'un peuple livré à la plus étrange superstition? D'ailleurs, les prêtres en Italie, et sur-tout à Venise, ont à la vérité un grand pouvoir ; mais à la différence des prêtres des autres contrées, ils ne s'en servent point pour leur compte, et sont dans l'habitude de le prêter aux autres. Jadis ils soutenoient le gouvernement ; maintenant ils ne demandent pas mieux que de s'employer pour un vainqueur qu'ils redoutent. Les chaires d'où l'anathême et la malédiction étoient lancées contre les Français, retentissent aujourd'hui de leurs louanges. Les défenseurs de la foi de leurs pères prouveroient, si le général le vouloit, que nos victoires entroient dans le plan de la providence, et étoient annoncées par les prophètes (1).

---

(1) Loin de se plaindre du zèle anti-religieux de Buonaparte, peut-être pourroit-on lui reprocher d'avoir traité le pape avec trop de ménagement, et de lui avoir mal à propos donné la paix. La destruction de la puis-

Mais, Monsieur, il est des considérations d'une autre sorte, qui doivent paroître d'un grand poids à qui connoît bien la situation de l'Europe. Si les Français ne se fussent point

---

sance temporelle de l'Église eût été un grand service rendu aux hommes. Les papes ont causé des maux inouis à la chrétienté. Pendant l'époque qui a précédé le seizième siècle, on les a souvent vus ébranler les gouvernemens, armer les princes les uns contre les autres, et les sujets contre leurs chefs. Luther ayant commencé à dessiller les yeux de l'Europe, le pouvoir des papes a produit des effets moins désastreux; mais ils ont encore trouvé le moyen de remplir de troubles et de calamités, les divers États de l'Europe.

Louis XIV poussé par sa déférence pour le Saint Siége, réduisit au désespoir cinq cents mille calvinistes qui furent obligés de s'expatrier, et le cardinal Fleury regardé comme un ministre très-doux, a expédié quarante mille lettres-de-cachets contre des hommes dont tout le crime étoit de ne pas s'entendre avec les jésuites sur la grace efficace. Vainement voudroit-on alléguer qu'aujourd'hui les papes ne peuvent plus faire aucun mal : les bulles de Pie VI colportées dans la république, et sur-tout dans les départemens de l'Ouest, ont beaucoup contribué à allumer le fanatisme et à prolonger l'horrible guerre de la Vendée. En Allemagne et dans le Nord, il y a un plan formé pour

rendus les arbitres de l'Italie , cette contrée , et sur-tout Venise , étoient ménacées d'une autre révolution prochaine et infaillible. C'est ce qu'il est facile d'expliquer.

---

renforcer les préjugés religieux , et remettre ces contrées sous la domination du Saint Siége. Les instigateurs de ce plan ont trouvé le moyen de s'insinuer auprès de plusieurs princes protestans à qui ils présentent la religion romaine comme plus favorable au despotisme ; et il est certain que Gustave III a été tenté de se faire catholique.

La France en particulier, eût beaucoup gagné au renversement du Saint Siége. La corporation du clergé privée d'un chef visible , se seroit nécessairement dissoute, et les ames foibles n'eussent plus craint d'offenser Rome en se soumettant aux loix de la république. Dans les circonstances actuelles, aucune puissance de quelque poids , ne se fût opposée à cette mesure. Le cabinet de Vienne ne s'est pas formellement séparé de la communion romaine , mais il ne reconnoît en aucune manière l'autorité du pape. Joseph II s'est constitué de fait le chef de son Église, et a imposé de grandes réformes à son clergé, non-seulement sans consulter le Saint Siège , mais malgré les réclamations de Pie VI qui , quittant la morgue de ses prédécesseurs , étoit venu les apporter à ses pieds. L'Espagne , depuis le commencement du règne de Charles III , n'a point cessé de travailler à s'affranchir

Venise n'étoit plus cette république superbe, enrichie des dépouilles de l'Orient, et assez forte pour résister aux rois ligués contr'elle, et tenir la balance entre les puissances d'Italie. Il y avoit long-tems qu'on ne la comptoit plus pour rien en Europe. Depuis le traité de Passarowitz, qui lui avoit enlevé la Morée en 1719, elle s'étoit réduite à cacher son impuissance sous le titre de neutralité. Pendant tout ce siècle, elle n'avoit osé prendre aucune part aux guerres d'Italie, et avoit laissé occuper son territoire par les parties belligérantes, selon qu'elles l'avoient trouvé convenable à leurs opérations militaires. On avoit vu cette ancienne ennemie de la Porte, se livrer au même systême d'inertie lors de la guerre de l'Archipel entre les Russes et les Turcs ; et dans toutes ces occasions sa foi-

du joug papal. Tous les ministres qui se sont succédés ont été d'accord sur ce point ; mais malgré leurs efforts, le gouvernement espagnol est encore réduit à recourir au Saint Siége, soit pour mettre certains impôts sur son clergé, soit pour opérer, dans l'organisation de ce corps, des changemens qu'il a jugés utiles ; et l'on peut croire qu'il verroit arriver avec plaisir un évènement qui accroîtroit sa puissance.

blesse avoit mécontenté tout le monde. Le ressentiment des Turcs déjà habitués à la haïr, s'étoit encore accru, et toute l'occupation de sa marine militaire consistoit à contenir ses isles qui, peuplées en grande partie d'habitans de la religion grecque, montroient pour la Russie un penchant alarmant. Mais l'ennemi le plus dangereux de Venise, c'étoit ce même cabinet de Vienne qu'elle a voulu servir. La ruine de cette république approchoit, et dans sa pusillanimité, elle n'osoit prendre aucune mesure capable de l'éloigner. Déjà plus des trois quarts des contrées qui formoient ses frontières étoient soumis à l'empereur ; comme la partie de l'Istrie et du Frioul allemands, le Milanais et le Mantouan, Les seuls côtés, où elle ne fût pas entourée et fermée par des possessions autrichiennes, étoient celui de la mer Adriatique, d'où elle ne pouvoit attendre aucun secours, et celui du Pô qui la faisoit communiquer avec l'État ecclésiastique, aussi foible et aussi exposé aux usurpations du plus fort. Encore est-il bon de savoir que le Ferrarois, cette portion de l'État ecclésiastique qui l'avoisinoit, pouvoit être regardé à juste titre comme un démembrement du Modénois. Les ducs de Modène s'étoient à la vérité trouvés trop foibles jusqu'à ce jour pour faire valoir leurs prétentions ; mais à la mort du duc actuel , ses possessions devoient passer à la maison d'Autriche , et cette maison avide et fière auroit-elle consenti à laisser les papes jouir tranquillement d'une partie de son nouveau patrimoine ?

Il est inutile de chercher quels prétextes le cabinet de Vienne eût mis en avant pour attaquer Venise. Les prétextes manquent-ils à qui a un état militaire aussi considérable que celui de cette puissance ? Mais d'ailleurs , les siens étoient trouvés depuis long-tems. Comme archiduc d'Autriche , l'Empereur reclame le Frioul , comme roi de Hongrie la Dalmatie , et comme duc de Milan , les trois districts de Brescia, de Bergame et de Créma. Peut-être un jour se trouvant aux droits de la maison d'Est, eût-il formé encore des prétentions sur le Polesin , qui a jadis fait partie du duché de Ferrare. Vous savez que déjà Joseph II avoit menacé de faire valoir ses titres. Le sénat, à force d'humiliation , étoit parvenu à suspendre le coup de la part d'un prince qui embrassant plusieurs plans à la fois , n'en savoit suivre aucun.

Mais le règne de Joseph II a formé un épisode dans l'histoire du cabinet de Vienne : ce qui distingue ce cabinet, c'est sa constance dans ses projets, et son attention à épier les momens où il peut tenter de les mettre à exécution. Nul doute donc que bientôt il ne fût revenu à la charge contre les Vénitiens.

Quels auroient été leurs moyens de résistance ? l'État de terre ferme renferme quelques bicoques qu'on honore du nom de châteaux, et qui servoient de retraite à de vieux podestats. Aucune des places actuelles des Vénitiens ne peut tenir contre les armées de nos jours, et il est d'ailleurs connu qu'ils n'en savoient point faire usage, et que pour en défendre une, ils ont toujours eu besoin d'un gouverneur étranger.

L'armée de terre consistoit ordinairement en 8 ou 10 mille soldats aussi étrangers. Mais il eût été impossible de tirer le moindre parti de ce ramas de bandits, sans honneur, sans discipline, sans paie et sans habit (1).

––––––––––

(1) Voici un trait qui peut servir à montrer dans tout son jour la valeur de ces troupes. Il est rapporté dans le *Tableau de l'Italie*, par M. d'Archenholz.

« La peste, dit-il, avoit engagé l'empereur à former un cordon aux frontières de la Dalmatie. Les hussards

Je sais bien qu'en tems de guerre on met-
toit sur pied la milice, composée des habitans
de la campagne. Mais de quels secours eussent
été des bandes rassemblées à la hâte et dépour-
vues, par une suite même de la politique du
sénat, de tout instinct guerrier?

Venise ne pouvoit pas davantage espérer de
pourvoir à sa sûreté par des alliances; elle ne
savoit où les chercher.

Toutes les puissances d'Italie, à moins d'être
plongées dans le plus grand aveuglement, devoient s'attendre à être envahies. Depuis long-
tems la maison d'Autriche a formé des prétentions sur cette contrée, qu'elle affecte de regar-
der comme un démembrement de l'empire
Romain; déjà, à diverses reprises, elle en a
réuni à ses domaines plusieurs États, ou por-
tions d'État. Mais pour soumettre avec plus de

---

qu'il envoya rencontrèrent quelques régimens de la
république qui s'y étoient rendus pour la même cause.
A l'approche des troupes impériales, ils se rangèrent
en bataille. Les hussards, pour répondre à cette hon-
nêteté, tirèrent leurs sabres; mais cette politesse
martiale fit une si vive impression sur ces régimens
de poltrons, qu'ils se débandèrent et s'enfuirent tous
en même tems, comme s'ils s'étoient donné le mot ».

facilité ses differens princes , elle a cru devoir isoler une partie d'entre eux , de l'autre. C'est dans ce dessein , que possédant déjà le Milanois , le Mantouan et la Toscane , elle avoit voulu , à tout prix , y joindre le duché de Modène, pour lier différentes parties, et former cette chaîne qui coupoit l'Italie en diagonale depuis les Alpes jusque par-delà les Appenins , et séparoit dans sa longueur les États de Piémont , de Gènes et de Parme , de ceux de Venise, de Rome, et par conséquent du royaume de Naples.

Ce seroit mal-à-propos qu'on voudroit faire remarquer que les possessions de la maison d'Autriche en Italie étoient partagées entre deux branches, et que le Modénois même étoit dévolu à une troisième dans la personne de l'archiduc , mari de la fille du dernier duc. Il n'est point permis d'ignorer que le cabinet de Vienne tient fortement au systême d'*indivisibilité* établi par la pramagtique sanction, et qu'il méditoit de dépouiller les branches cadettes , qui savoient bien ne posséder que précairement (1).

____

(1) Tout indiquoit que l'ensemble des possessions autrichiennes en Italie étoit destiné à servir au projet

La

La seule puissance hors de l'Italie, à laquelle Venise eût pu recourir, étoit la France ; mais aucune espèce de motif n'eût sans doute porté le gouvernement français à assister un État qui n'avoit pas le courage d'être franchement son allié, et n'osoit rien faire pour lui lorsqu'il portoit ses armes en Italie. Si vous examinez encore la situation locale des deux États, vous verrez que leur éloignement devoit empêcher le plus fort de secourir le plus foible. La France avoit trop d'intermédiaires à gagner ou à surmonter, pour pouvoir raisonnablement espérer que ses troupes arrivassent à tems, si Venise étoit attaquée.

Les choses, Monsieur, en étoient venues au point que cette république ne pouvoit se défendre elle-même, ni intéresser les autres à le faire. Des préparatifs ou des négocia-

---

du cabinet de Vienne. A peine le mariage de la fille du duc de Modène avoit-il été arrêté, que les deux cours de Florence et de Modène avoient fait percer de concert un grand chemin au travers des montagnes de la Grafignance. Une armée pouvoit marcher par là directement au travers de la Toscane, jusqu'à la frontière de l'État ecclésiastique.

C

tions qui auroient eu cet objet en vue eussent donné lieu à l'Empereur de commencer une agression, dont l'issue ne pouvoit être douteuse. Il vient de s'emparer de l'Istrie et de la Dalmatie, pour préserver, dit-il, ces contrées des principes désorganisateurs répandus dans le reste de l'État; il n'eût pas manqué de voir dans les démarches de Venise un dessein formé contre la liberté de l'Italie, et eût cru de sa bonté paternelle d'enchaîner l'ennemie de cette contrée.

Il me semble, Monsieur, avoir prouvé 1°. que Venise, liée avec le cabinet de Vienne, a commencé les hostilités contre la France ; 2°. que d'après l'état où elle se trouvoit réduite, elle étoit à la veille de subir le joug de l'Autriche. La conséquence naturelle de ces deux propositions, c'est qu'on a usé contre elle du droit de la guerre, et qu'il étoit en outre dans les véritables intérêts de la France d'agir comme on l'a fait.

Quel peut donc être l'effet de ces déclamations auxquelles on se livre sur le sort de cette république, et comment se fait-il que ceux qui se prétendent citoyens français par excellence, soient ainsi d'accord avec vous, qui ne cachez pas la haine que vous nous portez ? A les entendre , ils stipulent pour l'humanité , et défendent les droits des nations. Mais en attaquant ouvertement la prérogative du directoire , n'est-ce pas détourner les cabinets des puissances ennemies de traiter avec lui , et provoquer ainsi la continuation de la guerre ? Ces profonds politiques devroient aussi nous dire qui les a chargés de s'opposer à ce qu'un peuple entier sorte de l'esclavage. Il faut cependant les prévenir que si ce qui arrive à Venise , émeut leur sensibilité, ils sont réservés à de bien autres chagrins. Par - tout , les hommes instruits de leurs droits , éprouvent le besoin de la liberté. Comme le seizième siècle a vu s'opérer de grands changemens dans la religion des peuples de l'Europe , l'époque où nous vivons doit être à jamais célèbre par les changemens que subiront les gouvernemens. En Italie , il a suffi d'un instant pour renverser ces institutions aristocratiques dont l'origine se perdoit dans les ténèbres du moyen âge. Payne trouve des lecteurs sur les côtes glacées de la Norwege. En Irlande , les Défenders bravent les efforts , et résistent aux séductions d'un ministère tyrannique. En Angleterre, les partisans de la réforme deviennent chaque jour plus nombreux, et croyent n'avoir pas besoin de cacher leur projet. C'est en vain qu'un parlement séduit, multiplie les loix pénales contre les novateurs ; les jurés pris dans toutes les classes des citoyens, et dont l'opinion doit être regardée comme celle de la nation, ne peuvent se résoudre à trouver coupables ceux qu'on leur défère. Leur constance à acquitter lasse celle que les tribunaux mettent dans leurs accusations ; et Horne-Took, dont le solliciteur général a demandé la tête, balance les suffrages des électeurs de Westminster, lorsqu'il s'agit de composer une nouvelle chambre des communes. L'Allemagne a ses *frères noirs* qui se sont imposé l'honorable mission de combattre la tyrannie sous quelqu'aspect qu'elle se présente. Au sein des possessions de la maison d'Autriche, au sein des États de la Prusse et des autres princes de l'Empire, se sont formées ces sociétés secrètes, qui n'admettent que ceux qui ont fait preuve de zèle et de courage. Qu'importe que le gouvernement cherche à sévir contre leurs membres ? Grâces aux mystères dont ils savent s'envelopper, il ne peut les atteindre. Souvent

il les rencontre dans les emplois publics , dans
les armées sans les reconnoître. Si, éclairé par
ses espions, il parvient à en découvrir quelques-
uns, s'il les précipite dans ses cachots; sa ri-
gueur ne fait qu'animer davantage ceux qui
sont restés libres. Dans tous les tems , la persé-
cution a aigri ceux qu'on auroit pu gagner, et
le sang des martyrs n'a jamais servi qu'à étendre
et à propager les sectes (1).

____

(1) Il existe en Allemagne des sociétés secrètes de
deux sortes. Les unes travaillent avec un zèle véritablement effrayant , à plonger les hommes dans la
superstition. On croit qu'elles ont été fondées par les
jésuites , qui depuis la destruction de leur ordre ,
ont imaginé de le rétablir sous cette forme. Les me-
neurs ne se bornent point à répandre les préjugés religieux, conduite qui pourroit éloigner les prosélytes loin
de les attirer ; mais ils employent des moyens qu'on
a remarqués avoir produit de grands effets dans tous
les tems et dans tous les lieux. On en voit beaucoup
qui se vantent d'évoquer les esprits , d'explorer l'ave-
nir, d'avoir découvert la médecine universelle , et
de faire le grand œuvre, etc. Leur but paroît être de
soutenir la religion romaine , de l'introduire dans les
contrées d'où elle a été bannie , et de régner par elle
sur les princes et sur les peuples , comme sur le simple
habitant du Paraguay. Les autres sociétés ont été for-

mées pour s'opposer aux premières. Leurs fondateurs se proposoient d'étendre la sphère des connoissances utiles, de les faire parvenir jusqu'à la classe du peuple, et de travailler à améliorer le système présent des gouvernemens et des législations. Elles sont composées d'un grand nombre de membres pris sur-tout parmi les négocians, les militaires du second ordre et les étudians des universités. On les a quelquefois soupçonnées de ne vouloir point attendre de l'effet lent des lumières les réformes auxquelles elles aspirent; mais de chercher à y arriver par des moyens brusques et violens. Il est, quant à présent, impossible de juger si cette imputation est fondée : nous croyons cependant qu'on pourroit, en Allemagne, avec quelque soin se procurer des renseignemens exacts sur toutes ces associations; et que ce seroit servir son siècle que de faire connoître ce qu'elles ont d'utile ou de dangereux.

F I N.

De l'Imprimerie de A. Cl. FORGET, rue du Four Saint-Honoré, n°. 487.

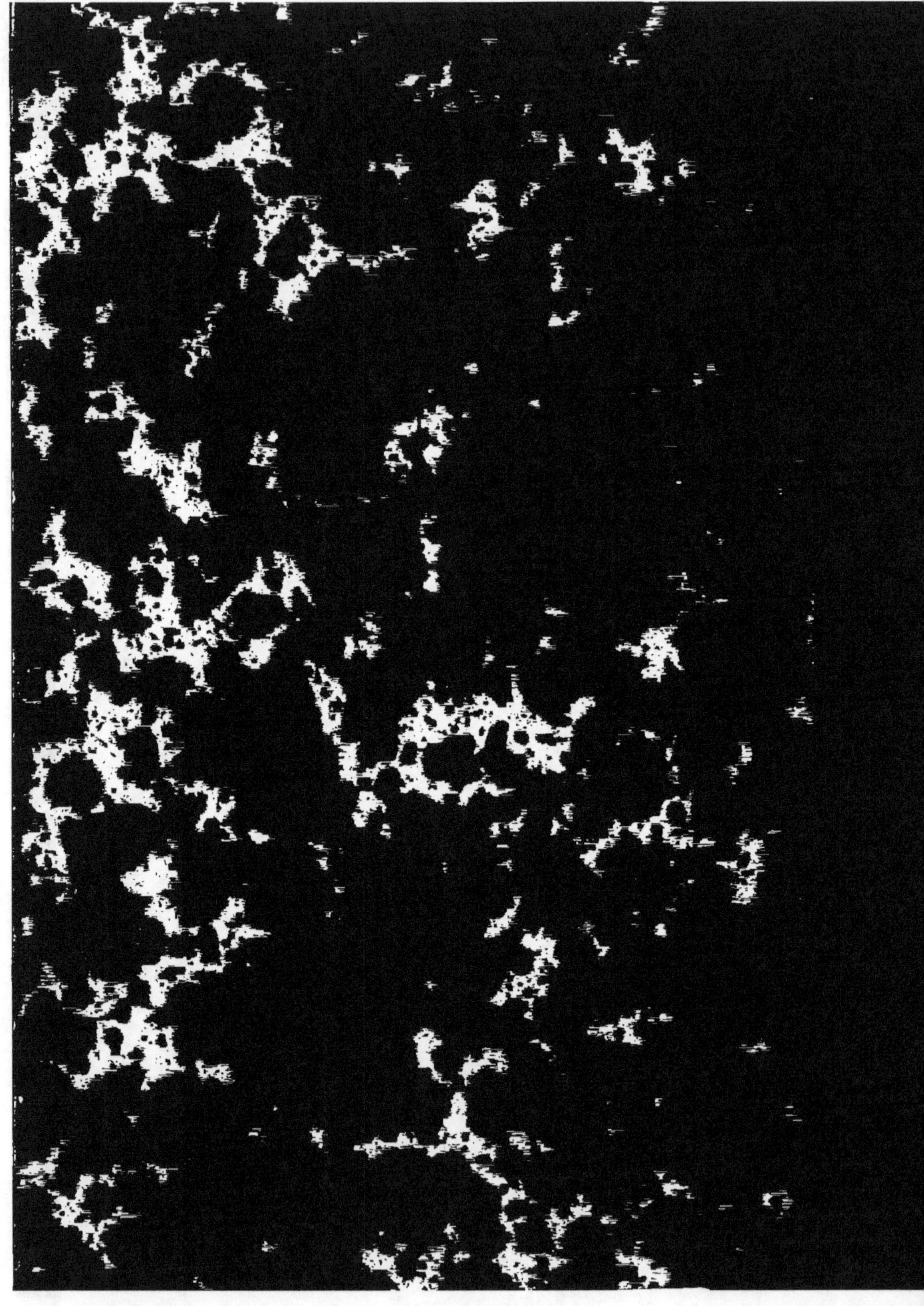